AF247207

LE
CRÉDIT PUBLIC
ET
L'EMPRUNT DE 1868

PAR

G. BONNEFONT.

BIBLIOTHÈQUE IMPÉRIALE IMPR.

DÉPÔT LÉGAL Seine N° 1371 1868

PARIS

E. DENTU, ÉDITEUR, 17 ET 19, PALAIS-ROYAL

(Galerie d'Orléans).

1868.

Lb 56 / 1897

CRÉDIT PUBLIC

ET

L'EMPRUNT DE 1868

M. le Ministre des finances vient d'annoncer, dans son rapport à l'Empereur, un prochain emprunt de 440 millions.

On ne discutera ici ni la nécessité, ni le chiffre de l'emprunt dont il s'agit. M. Magne, qu'on a vu plusieurs années à l'œuvre, a donné de son habileté et de sa sagesse administratives des gages suffisants pour répondre au pays que, rentré aux affaires dans une situation qu'il n'a pas faite et qui s'impose à lui, il s'est rendu un compte scrupuleux des exigences de cette situation, avant de se résoudre à un nouvel emprunt et d'en déterminer l'importance.

Une nouvelle preuve de cette habileté et de cette sagesse, dont nous n'hésitons pas à lui faire honneur, résulte pour nous du silence qu'il a gardé sur le mode et les conditions de l'appel qu'il se propose de faire au crédit. La seule indication qu'il ait cru devoir donner à ce sujet, c'est l'intention de procéder par la voie de la souscription publique, consacrée par plusieurs précédents et définitivement acquise au pays.

Cette réserve, prudemment gardée par le Ministre, permet de croire qu'il n'a pas encore été pris de parti absolu sur la nature des titres à émettre, et laisse aux réflexions qui vont suivre toute leur opportunité. Je ne me dissimule pas, néanmoins, que le public y voit toute autre chose, et que dans l'opinion commune, il ne saurait être question, quand on parle d'emprunt, que d'une émission de nouvelles rentes 3 0/0. C'est aussi, semble-t-il, l'opinion bien arrêtée de la Bourse, où, depuis plusieurs mois que l'emprunt est attendu, la spéculation a vendu d'avance, non sans quelque mécompte, des masses de rentes 3 0/0 dépassant de beaucoup le montant de l'emprunt qu'il est question d'émettre.

Cette disposition des esprits et les opérations qui en résultent contribuent beaucoup, on n'en saurait douter, à prolonger cette dépression continue du crédit public que la situation elle-même, dans son ensemble, ne paraît pas justifier. M. Magne, qui a eu l'honneur, il y a dix ans, de voir le 3 0/0 atteindre, sous son administration, le cours de 76 francs, doit être médiocrement satisfait de retrouver, en rentrant aux affaires, le même fonds flottant péniblement entre 68 et 69 francs, en présence de l'abondance extraordinaire des capitaux disponibles, et de ce milliard en grève, dont il a donné d'ingénieuses explications dans son rapport ; plus que personne, il doit chercher à faire revenir la rente 3 0/0 à ses anciens cours. A cet égard, la nature du fonds dans lequel l'emprunt doit être émis et les conditions de cet emprunt peuvent avoir une très-grande influence et méritent par cela même d'être étudiées avec soin.

Admettons donc, pour le moment, comme un fait hors de discussion, que l'emprunt va se faire en rente 3 0/0. Si l'on suppose le prix d'émission fixé à 68 francs, on devra, pour obtenir des souscripteurs une somme de 440 millions, ajouter au montant actuel de la dette publique 647 millions en capital et 19 millions 411,764 francs en rentes, ou 4.41 0/0 du capital emprunté.

A la simple inspection de ces chiffres, un homme candide, étranger aux arcanes du crédit public, se demandera peut-être comment un État tel que la France peut avoir besoin, pour se procurer 440 millions, de souscrire un engagement de 647 millions. On lui expliquera sans doute que cet engagement est nominal, qu'aucun terme n'est assigné à sa réalisation, qu'il signifie seulement l'interdiction, que le débiteur accepte, de se libérer de sa dette à moins de payer à son créancier, en sus du capital reçu, une prime ou bonification de 47 0/0 de ce même capital. Je doute que l'interrogateur, auquel je suppose le vulgaire bon sens, soit satisfait de cette réponse : car enfin, dira-t-il, le crédit n'est pas fait seulement pour les États : nous voyons qu'il est d'un usage universel que les départements, les communes, les compagnies financières, les simples particuliers enfin, se procurent par cette voie les capitaux dont ils ont besoin pour leurs affaires. Or, si j'empruntais 100,000 francs, par exemple, en m'obligeant à payer l'intérêt de ce capital, il serait étrange que l'on voulût m'interdire de me libérer, à moins de payer 147,000 francs, et une telle stipulation, si je l'avais subie, pourrait être qualifiée sévèrement par les tribunaux.

N'insistons pas néanmoins sur cette observation, et reconnaissons sans difficulté qu'il est passé en usage pour beaucoup d'États de contracter des dettes, en stipulant au profit du prêteur un capital supérieur à celui qu'ils reçoivent effectivement.

Mais on voudra bien aussi nous accorder qu'une telle stipulation a besoin de se justifier par la nécessité, ou tout au moins par un avantage évident. On voudra bien reconnaître aussi qu'il doit y avoir une limite à cette augmentation de capital, limite qu'il serait déraisonnable de franchir.

La nécessité! Il était difficile de la méconnaître lorsque furent contractés les premiers emprunts de la Restauration : il n'existait alors qu'un seul type du crédit public, la rente 5 0/0, que l'on ne pouvait vendre qu'au prix d'environ 57 fr. 50, tout en se reconnaissant débiteur de 100 francs de capital.

L'avantage évident! Il peut résulter , suivant les circonstances, soit d'une diminution importante obtenue sur la charge annuelle des intérêts, comme dans le cas de la conversion de M. de Villèle, soit d'une somme payée comptant, telle que la soulte perçue par M. Fould en 1862. Et on doit remarquer tout d'abord, à l'encontre de l'erreur trop répandue que je viens de relever, que le capital nominal de la rente, bien que non exigible, n'est pas une chose indifférente et sans valeur, puisque les exemples cités constatent qu'on peut y mettre un prix, et qu'à l'occasion le public consent à le payer. Il s'agit donc, comme dans tout marché à conclure, de rechercher la juste proportion entre la valeur réelle et le prix de la chose vendue. Les considérations et les rapprochements qui vont suivre jetteront, je l'espère, quelque clarté sur cette importante question.

M. de Villèle, en 1824, proposant de convertir la rente 5 0/0 en 3 0/0, avec une augmentation de 33 0/0 sur le capital de la dette, offrait au pays, comme compensation, une diminution d'un cinquième, ou de 20 0/0 sur la charge annuelle des arrérages. On obtenait ainsi, pour 140 millions de rentes auxquelles l'opération devait s'appliquer, une réduction de

28 millions sur le budget des dépenses, en échange des 933 millions ajoutés au capital des rentes inscrites. C'était quelque chose de considérable qu'une économie de 28 millions sur un budget d'un milliard. On sait pourtant quelles résistances victorieuses firent échouer le projet Villèle contre des objections non-seulement politiques, mais aussi financières, opposées par les hommes les plus compétents, MM. Roy, Humann, Casimir Périer, à l'augmentation du capital de la dette.

Rien ne caractérise mieux la direction imprimée à l'opinion publique par cette mémorable discussion, que le parti qui fut pris dans la négociation de l'emprunt autorisé trois ans après par la loi du 19 juin 1828 ; pour éviter toute augmentation de capital, on décida la création d'un nouveau fonds, le 4 0/0, qui fut négocié au-dessus du pair, au cours de 102 fr. 07 1/2.

On sait qu'après la révolution de 1830, dès que le crédit public eut repris son niveau normal, la question de la conversion de la rente 5 0/0 revint à l'ordre du jour de la Chambre élective et du pays. Ce n'est pas ici le lieu de retracer les incidents de la lutte engagée à ce sujet entre la Chambre et le gouvernement de Louis-Philippe : nous voulons seulement en dégager les principes financiers qui s'appliquent directement à la question actuelle. En 1836, deux propositions furent faites pour la conversion de la rente, l'une par M. Gouin, l'autre par M. Félix Bodin. M. Gouin voulait offrir aux rentiers du 5 0/0 des rentes 4 ou 3 0/0, en leur conservant leur revenu actuel pendant six ans s'ils optaient pour le 4 0/0, pendant treize ans s'ils préféraient le 3 0/0, et, dans les deux cas, *sans augmentation de capital*. M. Bodin leur offrait de la rente 4 1/2, non remboursable pendant dix ans, aussi *sans augmentation de capital*. La commission qui fut nommée pour examiner ces propositions déclara, par l'organe de M. Lacave Laplagne, son adhésion au principe de la conversion en 4 1/2 0/0 au pair, en ajournant l'application à l'année suivante.

La question fut reprise en 1838, sur la persistante initiative de M. Gouin. Il en résulta, sur le rapport de M. Antoine Passy, une résolution parlementaire qui mérite d'être signalée au point de vue qui nous occupe. Afin de faciliter l'exécution de la mesure, la Chambre des députés crut devoir adopter une formule générale qui donnait ouverture à diverses combinaisons et consacrait en même temps les principes les plus sages en matière de crédit. Elle décida que la conversion du 5 0/0 devait se faire dans un fonds à un intérêt inférieur, de manière à ce que la réduction obtenue sur la rente ne fût pas moindre de 50 c. pour 5 fr. de rente, et que l'augmentation qui pourrait être concédée sur le capital nominal n'excédât pas 20 0/0. Cette combinaison permettait d'offrir aux rentiers du 5 0/0, à leur choix, des rentes 4 1/2 au pair, du 4 0/0 à 90, ou du 3 1/2 à 84 fr.; elle excluait formellement le 3 0/0, à raison de l'augmentation considérable qu'il aurait exigé sur le capital nominal de la dette, et elle donnait lieu à la création d'un nouveau type de rente, intermédiaire entre le 4 et le 3 0/0. On était alors, à ce qu'il paraît, fort loin de considérer comme l'idéal du crédit public cette *unification* de la dette dont on a fait tant de bruit il y a cinq ans; ou plutôt on ne voulait y arriver que, comme l'a fait l'Angleterre, par le progrès continu du crédit, et en ménageant à ce progrès des étapes successives, à chacune desquelles devait correspondre une diminution très-appréciable des charges publiques.

Le projet de la Chambre des députés, rejeté par la Chambre des pairs, fut repris en 1840 par le Ministre des finances, M. H. Passy, et soutenu par M. Pelet de la Lozère, son successeur dans le ministère du 2 mars; mais cette fois la Chambre refusa d'admettre aucune augmentation du capital de la dette et vota la conversion purement et simplement en 4 1/2 0/0 au pair. Après un nouvel échec à la Chambre des pairs, le même vote fut renouvelé en 1845, mais toujours inutilement. Il ne fallut rien moins pour le faire passer dans les faits que la révolution de 1848 et le coup d'Etat du 2 décembre. Le décret-loi du 14 mars 1852 donna enfin à M. Bineau l'honneur d'accomplir, comme ministre, la mesure si importante et si utile qu'il avait soutenue comme député, et de procurer au pays un allégement de charges annuelles de 17,566,400 fr. sur l'intérêt de la dette, *sans augmentation de son capital.*

Pour abréger, et sans m'arrêter aux faits intermédiaires, j'arrive à la conversion exécutée par M. Fould en 1862. Il s'agissait d'échanger, rente pour rente, les titres constitués en 4 1/2 0/0 contre des rentes 3 0/0, avec une augmentation de 50 0/0 sur le capital nominal. La compensation demandée n'était pas, cette fois, une diminution de l'intérêt au profit des contribuables, mais bien un capital comptant à verser au Trésor. M. Fould disait aux rentiers : dans la situation actuelle du marché, pour 4 fr. 50 de rente, le 3 0/0 se vend environ 8 fr. de plus que le 4 1/2. Je vous passe l'échange à 5 fr. 40 : en d'autres termes, moyennant l'abandon au Trésor de 438 jours de votre revenu, vous obtiendrez 50 0/0 de capital nouveau avec toutes les chances de réalisation attachées à la hausse, qui sera la conséquence de l'unification de la dette.

Cette proposition, acceptée par les uns, refusée par les autres, et il faut le dire, imposée par la pression administrative à certains créanciers de l'Etat, réalisée en définitive pour environ 130 millions de rentes 4 1/2 (je prends un chiffre rond, mais très-approximatif, pour rendre le calcul plus facile à suivre), se traduit par une augmentation de 1 milliard 445 millions sur le capital de la dette, compensée par la perception, à titre de soulte, d'une somme de 156 millions. Cette somme peut être considérée comme tenant lieu d'un emprunt qui eut été nécessaire pour la réaliser, et il n'est pas difficile, pour pouvoir apprécier l'opération de 1862, par comparaison avec les précédents ci-dessus rappelés, de la ramener au même dénominateur. Pour obtenir 156 millions aux conditions de l'emprunt qui fut ouvert un an après la conversion, c'est-à-dire en 3 0/0 à 66 fr. 30, il aurait dû être négocié 7,058,000 fr. de rentes : telle est donc la réduction de charge annuelle, soit environ 5. 42 0/0 sur 130 millions, que le pays a obtenue en compensation de 50 0/0 d'augmentation du capital de la dette.

Les précédents historiques que nous venons de rappeler, peuvent se résumer dans le tableau suivant, où, en regard des réductions proposées ou opérées sur le montant des rentes aux différentes époques de notre histoire financière, nous avons porté les augmentations consenties sur le capital nominal de la dette.

	Réductions sur le montant des rentes.	Augmentations du capital nominal.
1824 Projet de M. de Villèle. . .	20 0/0	33 0/0
1825 Loi du 1er mai. { Conv^{on} en 3 0/0.	20 0/0	33 0/0
1825 Loi du 1er mai. { Conv^{on} en 4 1/2 0/0	10 0/0	0
1840 Projet de conversion. . . .	10 0/0	0
1852 Conversion du 5 0/0. . .	10 0/0	0
1862 Conversion du 4 1/2 0/0. .	5. 42 0/0	50 0/0

On voit par ce tableau combien la conversion de 1862 était contraire aux principes constamment soutenus, de 1824 à 1852, par les esprits les plus éminents et finalement appliqués avec tant de succès, lors de la conversion du 5 0/0.

Or, ces principes sont directement applicables à la question de l'emprunt prochain ou de tout autre emprunt; car lorsqu'il s'agit d'émettre de nouvelles rentes, que ce soit pour convertir ou pour emprunter, il faut toujours se rendre compte de l'intérêt que l'on peut avoir à élever le capital nominal de la dette, de la nécessité qui peut vous y contraindre, et de l'avantage que l'on doit en attendre.

Est-ce que la France est dans la nécessité, pour emprunter aujourd'hui 440 millions, de souscrire une dette de 647 millions? N'y a-t-il, à l'heure qu'il est, d'autre type du crédit public que le 3 0/0? Ne voit-on pas sur la cote de la Bourse du 4 1/2 au pair, du 4 0/0 à 90, des obligations trentenaires à 470 francs? Car l'*unification* dont on a tant parlé en 1862 ne s'est pas accomplie, et pour notre part, nous nous en réjouissons sincèrement.

Nous avons supposé tout à l heure l'emprunt émis en 3 0/0 à 68 francs, et nous en avons chiffré les résultats, soit en rentes, soit en capital. Supposons maintenant que pour se procurer les 440 millions voulus, M. le Ministre des finances préfère émettre des rentes 4 1/2 0/0 au pair. Avec la bonification d'intérêts résultant des délais de payement, on aurait sur le cours actuel une marge de bénéfice bien suffisante, on n'en saurait douter, pour assurer la souscription de sommes fort supérieures au capital demandé. Dans ce cas, la dette publique s'accroît juste de la somme effectivement encaissée par le Trésor, 440 millions, au lieu de 647 millions dont elle s'augmenterait par l'emprunt en 3 0/0. Il est vrai, d'autre part, qu'au lieu de 19,411,764 francs de rentes 3 0/0, le budget serait grevé de 19,800,000 francs de rentes 4 1/2 0/0 : c'est donc en rentes 388,236 francs de plus à payer, et en capital 207 millions de moins à porter en accroissement aux 11 milliards de la dette consolidée. En d'autres termes, l'emprunt en 3 0/0, comparé à l'emprunt en 4 1/2, vous donne une diminution de 2 0/0 sur la rente, comme compensation d'une augmentation de 47 0/0 sur le capital. Qu'auraient dit de cette opération les législateurs de 1840, qui ne voulaient pas que pour une augmentation de 20 0/0 de capital, on se contentât d'une réduction de moins de 10 0/0 sur les intérêts?

Il faut dire que dans ce temps-là on se croyait obligé, en contractant une dette, de se mettre en mesure de la payer, en affectant à son rachat un amortissement de 1 0/0 du capital. Cette règle, appliquée aux deux modes d'emprunt que nous venons de comparer, donnerait pour l'annuité à servir (intérêts et amortissement compris), dans l'hypothèse du 4 1/2 0/0, 24,200,000 francs, et dans celle du 3 0/0, 25,801,764 francs, ce qui fait bien voir de quel côté serait la véritable économie,

Si l'on applique le même raisonnement à la conversion accomplie en 1862, on trouve que cette opération, en procurant à l'État une ressource équivalente à un peu plus de 7 millions de rentes, a exigé par contre, à raison de l'augmentation de la dette consolidée en capital, la création d'une annuité de 18,812,459 francs, ajoutée à la dotation de l'amortissement, soit d'un centième de ce nouveau capital.

Il est vrai qu'en inscrivant cette lourde dépense au budget, on se promettait bien de ne jamais la payer. Mais ces chiffres n'en démontrent pas moins, avec une frappante clarté, le résultat effectif d'une opération qui se serait traduite par une surcharge nette et annuelle de plus de 11 millions, si l'amortissement avait fonctionné, et qui même, dans cette hypothèse, n'aurait jamais pu être imaginée.

La proposition d'un emprunt en 4 1/2 au pair pourra sembler étrange à tous ceux qui, sous l'influence des idées qui déterminèrent la conversion de 1862, n'imaginent pas que désormais le crédit puisse se produire sous une autre forme.

que celle du 3 0/0. Un fait assez caractéristique vient pourtant de se passer dans le sens de l'opinion qu'on essaie ici de faire prévaloir. Le gouvernement belge a emprunté, il y a quelques semaines, une quarantaine de millions par souscription publique. Dans ce pays, où l'on ne croit pas aux merveilles de l'*unification*, il existe plusieurs types de rentes, échelonnés de 4 1/2 à 2 1/2 0/0. Le 3 0/0 n'est pas coté, comme chez nous, de 68 à 69 fr., mais de 84 à 85 fr., sans que la coexistence du 4 1/2 au pair ait gêné en rien son essor. C'est dans ces conditions de crédit public que l'emprunt a été ouvert en 4 1/2 0/0, et couvert, si nous sommes bien informés, deux ou trois fois par les souscriptions, au prix de 102 fr. 50 c. *

Les Américains qui, depuis le rétablissement de la paix, consacrent plus de 250 millions par an au rachat de leur dette, ont émis, pendant la guerre de la sécession, tous leurs emprunts au pair, aimant mieux porter à 6 0/0 l'intérêt de leur dette que d'en grossir fictivement le capital.

Et, pendant que nous en sommes à chercher au dehors des exemples bons à suivre, nous pourrions demander pourquoi, en proposant un emprunt au public, le Gouvernement ne se débarrasserait pas, ainsi qu'on l'a fait dernièrement en Suisse, du souci et de la responsabilité du prix à déterminer pour les rentes en émission, en laissant les souscripteurs eux-mêmes en fixer librement la valeur. Dans ce système, on dresserait la liste des souscripteurs dans l'ordre décroissant des prix offerts : on l'arrêterait au point où les offres couvriraient la somme demandée, et pour que tout le monde fût traité de même, le chiffre des dernières offres agréées deviendrait le prix commun des rentes souscrites. C'est là, ce semble, une es-

---

* Les titres de cet emprunt se cotent actuellement à 104 francs aux bourses de Bruxelles et d'Anvers, avec 1 fr. 50 c. de prime.

pèce de suffrage universel qui en vaudrait bien une autre, et
qui, en donnant aux souscriptions d'emprunt une sincérité que
l'on est loin de trouver dans le mode habituellement suivi, as-
surerait beaucoup mieux le classement immédiat des rentes,
et constaterait plus exactement le niveau réel du crédit.

Que l'on annonce une émission de rentes 4 1/2 sans fixation
de prix, suivant le mode suisse', ou bien au pair de 100 francs,
comme nous l'avons suggéré d'abord, il est indubitable que la
souscription sera beaucoup plus que couverte. On ne devrait pas,
il est vrai, s'attendre à la voir s'élever aussi haut que dans les
derniers emprunts, où elle a dépassé quinze ou vingt fois les
capitaux demandés ; mais lorsqu'en 1864, pour l'emprunt de
300 millions, il a été souscrit 4 milliards 800 millions, que
prouvait ce chiffre fabuleux, si ce n'est que la rente 3 0/0, of-
ferte à 66 fr. 30 c., avec d'assez longs délais de payement, pré-
sentait au souscripteur de tels avantages, eu égard au cours de
la Bourse, que l'on avait grand intérêt à s'en procurer, et que
les gens les mieux informés, les souscripteurs de la dernière
heure, savaient parfaitement que, pour avoir cent mille francs
de rentes, il fallait en demander quinze cent mille. Est-ce qu'il
ne vaudrait pas mieux, en ménageant davantage les finances et
le crédit de l'Etat, mettre plus de sincérité dans les souscriptions
publiques et s'adresser aux capitaux réels, qui demandent les
rentes pour les garder, plutôt qu'à la spéculation, qui n'en veut
que pour les revendre à bénéfice ?

Il ne s'agit pas ici, qu'on veuille bien y songer, d'une question
accidentelle, mais bien d'une question de système. Pendant
vingt ans, l'amortissement de la dette consolidée a été suspendu,
et dans la même période le capital de cette dette, qui était de
4 milliards en 1830, auquel le règne de Louis-Philippe n'a que
peu ajouté, s'est élevé au chiffre de 11 milliards qu'il atteint
aujourd'hui. En 1846, en 1852, le 3 0/0 était à 85 francs;

il ne pourrait se placer à cette heure au-dessus de 68 francs. On voit que si nous sommes en progrès, comme nous nous en glorifions souvent, ce n'est pas du moins en matière de crédit public.

Pourtant, sur cette mauvaise pente où nous glissons fatalement, la nécessité d'un point d'arrêt se fait quelquefois reconnaître. Les ministres qui se succèdent, M. Magne il y a dix ans, M. Fould après lui, expriment bien haut la volonté de fermer le Grand-Livre et de réduire la dette publique. En 1866 enfin, une résolution significative en ce sens est adoptée par tous les pouvoirs de l'État ; c'est la loi qui, en inaugurant sur un pied modeste il est vrai, mais progressif, un système sérieux d'amortissement, supprime le mensonge puéril de l'amortissement fictif qui consistait, comme on le sait, à remettre jour par jour à la caisse d'amortissement, en bons du Trésor, le montant de la dotation de 122,773,876 francs, qui lui était affectée dans le budget de l'État et l'intérêt des rentes et des bons qui lui appartenaient, puis à consolider les bons eux-mêmes en rentes, et par suite à grossir sans cesse le chiffre de la dette publique au lieu de le diminuer.

La loi du 11 juillet 1866, avant de s'occuper des moyens de diminuer la dette, commence par assurer aux créanciers de l'État des gages considérables, dans la propriété du domaine forestier et des chemins de fer qui doivent faire retour à l'État. Elle protége ainsi, contre le génie dépensier de notre époque, les forêts dont l'aliénation, proposée l'année précédente, avait fortement inquiété le pays.

Elle organise ensuite, avec des ressources certaines, un budget spécial qui, déduction faite des charges, assure les moyens d'appliquer au rachat de la dette une somme annuelle qui ne peut pas descendre au-dessous de 20 millions.

Elle prend, pour objectif unique de ces rachats, la rente 3 0/0, parce que depuis la conversion de 1862, cette rente constitue presque les neuf dixièmes de la dette et le véritable étalon du crédit. Elle se préoccupe aussi des autres fonds publics que cette conversion n'a pas réussi à supprimer; elle met à la charge de l'amortissement ce qui reste des obligations trentenaires de la création de M. Magne; et quant aux rentes 4 1/2 et 4 0/0, elle tient compte de ce qu'il est pourvu au rachat de ces fonds par une institution préexistante, la caisse des retraites pour la vieillesse, dont les opérations seront désormais comprises dans le budget spécial de l'amortissement

Cette loi, quelque opinion qu'on ait pu en concevoir de prime abord, commence, il faut le reconnaître, à tenir ses promesses. Si, en 1867, la caisse d'amortissement n'a pu employer que 20 millions en rachat de rentes, si pour mettre à sa disposition ce faible capital, il a fallu des avances du Trésor et un appoint de 2, 500,000 fr. en ventes de bois, en 1868, elle dispose, sans cette ressource extraordinaire, d'un fonds libre au moins égal; en 1869, son budget soumis au Conseil d'État, constate un excédant de plus de 25 millions, disponible pour l'amortissement. Le crédit public commence aussi à se ressentir des heureux effets de l'institution. En effet, en 1866, dernière année de l'amortissement fictif, le cours moyen du 3 0/0, pour l'année entière, a été de 67 fr. 20; en 1867, première année de l'amortissement réel, le cours moyen s'est élevé à 69 fr. 05, taux commun des rachats effectués jour par jour.

On dira peut-être que cette amélioration doit tenir à des causes plus puissantes que 20 millions employés à la Bourse : j'en tomberais volontiers d'accord si, en faisant sur les autres valeurs le même travail que sur la rente, on constatait une semblable amélioration comme un fait général; mais que l'on en fasse l'épreuve, et on se convaincra que c'est un résultat contraire qui s'est produit. Le dernier rapport de M. le Ministre des finances atteste que les circonstances financières ont été loin de s'améliorer dans l'année qui vient de finir : « Les impôts « de consommation, dit-il, avaient reçu en 1866 un élan inusité ; « en 1867, l'insuffisance des récoltes, la rigueur de la saison « dans les derniers mois, ont ralenti le mouvement. » C'est sans doute peu de chose que 20 millions dans l'immensité des opérations de la Bourse : mais quelque chose d'autrement capable de révivifier le crédit, c'est la volonté sérieuse manifestée par l'institution d'un système régulier et progressif d'amortissement.

Il faut avouer, néanmoins, que si l'hypothèse en circulation d'un emprunt en rentes 3 0/0 se réalise, cette louable intention du législateur de 1866 va se tourner en une déception dont la toile de Pénélope, le tonneau des Danaïdes et le rocher de Sisyphe ne peuvent donner qu'une bien faible idée.

Il ne s'agirait plus de défaire la nuit ce qu'on a fait le jour, de remplir le même récipient qui se vide, de remonter le même poids qui toujours retombe. A peine l'amortissement a-t-il acquis un pauvre petit million de rentes sur 300 millions à racheter, qu'on ajouterait au fardeau qu'il doit soulever, non pas un nouveau million, mais près de 20 millions de nouvelles rentes. Et si cette opération procédait d'un système, de l'idée arrêtée que désormais on ne doit plus emprunter qu'en rentes 3 0/0, il serait bien évident que la loi de 1866, à tout jamais impuissante à atteindre son but et même à s'en rapprocher, devrait être rapportée au plus vite, comme ayant, pour le législateur qui l'a votée, tous les caractères d'une véritable mystification.

Mais la loi elle-même va me fournir un argument, qui me semble décisif, à l'appui de la thèse que je soutiens. L'amortissement dans son principe, tel que le docteur Price, à la fin du dernier siècle, le préconisa et le fit adopter en Angleterre, tire sa force et son prestige de la puissance de l'intérêt composé. Par ce moyen, en effet, en payant annuellement un centième du capital, on rembourse en trente-six ans une dette que l'on n'éteindrait autrement qu'en cent années. On a donc toujours admis qu'une caisse d'amortissement conserverait les rentes qu'elle aurait rachetées, et qu'elle en recevrait les arrérages, tout en réservant au législateur le droit d'en prononcer l'annulation, quand il le jugerait opportun.

Quand on a discuté la loi du 11 juillet 1866, quelques personnes étaient d'avis que les rentes acquises fussent annulées au fur et à mesure des rachats ; mais les Chambres législatives ont voulu expressément conserver au nouvel amortissement la puissance de l'intérêt composé ; elles sont allées plus loin, elles se sont interdit d'y porter aucune atteinte pendant une période de dix ans. Or, n'est-il pas évident que pour qu'une telle prescription soit sérieuse, pour qu'elle produise l'effet qu'on s'en est promis, il ne faut pas que dans la même période de nouvelles créations de rentes de la même nature que les rentes rachetées viennent annuler de fait le résultat de l'amortissement déjà opéré? Jeter un million de rentes dans la circulation après qu'on en a amorti une égale quantité, n'est-ce pas la même chose que de revendre celles-ci, n'est-ce pas violer de fait l'engagement dont je viens de parler? Et combien cette violation ne serait-elle pas plus criante, si après avoir racheté un million de rentes 3 0/0, on en créait à nouveau, non pas un million, mais près de 20 millions ?

Dans un écrit remarquable publié en 1864 par **M.** Magne, sous le titre de *Notes sur l'Administration des Finances*, je lis les paroles suivantes qui sont le meilleur résumé de la thèse que je viens de soutenir : « Tenir le Grand-Livre ouvert, c'est

« empêcher l'élévation du cours de la rente, c'est empêcher
« l'amortissement, c'est empêcher la conversion, c'est empêcher
« l'amélioration du crédit. » Loin de moi l'intention, en citant
ce passage d'une brochure dont la suite, vivement désirée, se
fait encore attendre, de vouloir mettre M. le Ministre des finances en contradiction avec lui-même, au moment où, sous
l'empire de nécessités dont il n'a pas à répondre, il annonce
un emprunt nouveau.

Comme je l'ai dit tout d'abord, l'emprunt me paraît nécessaire, et j'en trouve le chiffre aussi modéré que possible eu
égard aux circonstances. Mais les inconvéniens de l'emprunt,
tels qu'ils sont fortement accusés dans la phrase qu'on vient
de lire, sont-ils également à craindre quel que soit le mode
de l'appel fait au crédit? Oui, tenir ouvert le Grand-Livre, s'il
s'agit d'émettre du 3 0/0, c'est empêcher l'élévation du cours
et l'amélioration du crédit ; tout au contraire, la résolution dé-
clarée de ne pas créer de nouvelles rentes 3 0/0, dans la situation actuelle des affaires, et de préférer un autre système
d'emprunt, quel qu'il soit, en 4 1/2, en 4 0/0, en obligations à
terme, serait évidemment le signal d'une hausse prononcée
et d'une notable amélioration du crédit.

Oui, la création de rentes 3 0/0 empêcherait l'amortissement
et le rendrait mort-né, en le frappant, à son début, de ridicule
et manifeste impuissance ; au contraire, si l'on maintient ré-
solûment la proportion établie par la loi de 1866, entre la puissance de rachat qu'elle a constituée et la somme des rentes
à amortir, on consolide l'institution nouvelle, on accroît son
prestige moral, on la met ainsi en mesure d'atteindre progres-
sivement le but qui lui est assigné par le législateur.

Oui, la conversion des rentes, comme l'entendait M. Magne,
c'est-à-dire la réduction de l'intérêt naturellement obtenue par

le progrès du crédit public, comme celle de 1852, se trouve-
rait de plus en plus empêchée par de nouvelles émissions de
3 0/0, qui entraveraient ce progrès ; au contraire, l'emprunt
au pair, s'il était préféré, ne ferait que ménager et préparer
pour l'État une conversion plus profitable à ses finances.

Je puis donc, avec confiance, appuyer ma thèse de l'autorité
si considérable de M. le Ministre des finances, qui d'ailleurs a
confirmé ses paroles par ses actes, en ouvrant au crédit, il y
a quelques années, une voie autre que celle du 3 0/0, par la
création des obligations à terme, excellente innovation quoiqu'on
en ait pu dire pour justifier le parti pris de les faire disparaître.
C'était bien là l'œuvre d'un ministre homme de bien, qui,
en dotant ces nouvelles valeurs d'un amortissement rapide et
assuré, pensait que pour les nations comme pour les individus,
contracter des dettes, c'est prendre l'engagement de les payer,
et que payer ses dettes, c'est s'enrichir.

Les conséquences à tirer des considérations qui viennent
d'être exposées peuvent se résumer en peu de mots, au point
de vue de l'emprunt annoncé.

La loi du 11 juillet 1866 renferme implicitement l'obliga-
tion de ne pas émettre de nouvelles rentes 3 0/0, avant le
1er janvier 1877.

La raison financière interdit à l'Etat de faire de semblables
émissions à des conditions telles que l'augmentation de capital
dont elles grèvent la dette publique ne soit pas compensée
par une réduction suffisante de la charge annuelle des arrérages. En d'autres termes, un emprunt en 3 0/0, quand on ne
peut pas le placer au prix de 80 à 85 fr., est toujours une
mauvaise affaire si l'on peut emprunter autrement.

Dans le cas présent, il est aussi aisé et beaucoup plus avantageux d'emprunter en rentes 4 1/2 0/0. Ce mode ne porte aucune atteinte à l'amortissement tel qu'il est constitué : quant à celui des rentes 4 1/2 0/0, il est assuré d'avance par les rachats réguliers de la caisse des retraites, et dans des proportions beaucoup plus fortes que celui qui est affecté au 3 0/0. En effet, alors même que les 37 millions de rentes 4 1/2 0/0 existant actuellement et dont la plus grande partie est classée et ne paraît jamais sur le marché, seraient, par suite de l'emprunt nouveau, portés à 57 millions, au capital de 1,300 millions, la somme annuelle de plus de 10 millions consacrée à leur rachat serait une force autrement considérable qu'un amortissement de 20 et même de 25 millions, opposé à une dette de 300 millions de rente 3 0/0 au capital de 10 milliards.

Ajoutons qu'indépendamment de la faveur que la rente 4 1/2 0/0 trouvera auprès des anciens rentiers du 5 0/0, ce fonds a des acheteurs assurés dans les déposants des caisses d'épargne, les sociétés de secours mutuels, etc., dont les placements annuels s'élèvent au moins à la même somme que ceux de la caisse des retraites.

On dira peut-être qu'une rente au pair est immédiatement convertible et qu'il ne faut pas proposer au public des rentes dont le remboursement peut lui être offert le lendemain. Mais le public sait très-bien que quand on lui emprunte son argent, on n'est nullement en mesure de le lui rendre : aussi, les exemples d'emprunts au pair et même au-dessus du pair ne sont pas rares, sans parler même de celui de 1830 en 4 0/0 et de celui tout récent de la Belgique, dont j'ai déjà fait mention. Déclarez, si vous voulez, que les nouvelles rentes ne seront pas remboursables avant cinq ans, et les capitalistes, grands et petits, en quête de placements solides, les recher-

cheront à l'envi. Dans cinq ans, dans dix ans, une occasion
favorable pour la conversion du 4 1/2 en 4 0/0 venant à se
produire, vous en profiterez pour obtenir une réduction de
5 à 6 millions sur les arrérages de cette dette, et opérer avec
cette somme et les rentes rachetées par l'amortissement, une
importante économie au budget.

Interrogez tous les hommes d'affaires : tous vous diront que
la spéculation à la baisse qui sévit sur le marché depuis plusieurs mois, attend avec impatience, pour réaliser ses profits,
les rentes qu'il est question d'émettre ; si vous lui offrez du
4 1/2 0/0 au lieu du 3 0/0 qu'elle espère, il faudra qu'elle
rachète, et qu'en se liquidant, elle relève les cours qu'elle a
déprimés, et cette hausse sera d'autant plus forte que les porteurs de rente 3 0/0, n'ayant plus à redouter pour leurs titres
la dépréciation résultant nécessairement d'une émission nouvelle, montreront des prétentions plus élevées.

Déjà le chiffre de l'emprunt, moins gros que l'on ne s'y at-
tendait, le retard de son émission, l'opinion que le Ministre
des finances interdira l'anticipation des versements, ont produit une reprise de hausse à la Bourse ; elle s'accentuera vigoureusement, on n'en saurait douter, dès l'instant où les spécula-
teurs seront avertis qu'ils ne doivent pas compter sur de nouvelles rentes 3 0/0 pour remplacer celles qu'ils ont vendues. Et
si le Gouvernement, s'inspirant des sages doctrines professées
par M. Magne dans son premier ministère, prenait carrément la
résolution de fermer le Grand-Livre du 3 0/0, au moins jusqu'à
l'époque où ce fonds aurait dépassé le cours de 80 francs, ce
ministre aurait assurément la satisfaction et la gloire de replacer
le crédit public à la hauteur où il l'avait laissé en quittant les
affaires, et de donner ainsi au pays (sauf, bien entendu, les événements qui peuvent détruire les plus sages combinaisons) une
force financière plus imposante aux yeux de l'Europe que des
centaines de milliers de fusils Chassepot.

Nous savons bien qu'on va nous objecter la conversion de 1862 : on nous dira qu'après avoir proclamé alors l'utilité et la nécessité de *l'unification* de la dette, on ne peut aujourd'hui revenir sur ce qui a été dit et fait à cette époque et imprimer au crédit une direction contraire. Mais cette objection est-elle bien sérieuse, et quoique la stabilité, en matière de finances, soit une des conditions premières du succès, doit-on pour cela persister dans son erreur, alors que l'expérience a permis de la constater ?

Obligé de faire face à un découvert de plus d'un milliard, et ne voulant pas augmenter encore la dette inscrite, accrue déjà depuis 1852 de plus de 100 millions de rentes, M. Fould avait, dans un esprit d'économie qu'il faut reconnaître, espéré trouver, dans la conversion du 4 1/2, les ressources dont il avait besoin ; il pensait, en outre, pouvoir loyalement et en toute conscience, demander aux rentiers une soulte de 5 fr. 40 cent. pour une opération qui, à la Bourse, leur serait revenue à près de 8 fr.; enfin, il espérait que la suppression du 4 1/2 donnerait au 3 0/0 un essor qui ferait bien vite regagner aux rentiers, par l'augmentation de leur capital, le montant de la soulte qu'ils auraient payée. Les événements n'ont pas donné raison à ces prévisions. 39,694,628 fr. de rentes 4 1/2 0/0, 476,192 fr. de rentes 4 0/0 et 70,538 obligations trentenaires n'ont pas été convertis, et, par suite, les ressources attendues de la conversion se sont trouvées réduites à 157 millions.

Encore de cette somme faut-il déduire les soultes payées, bon gré, mal gré, par la Caisse des Consignations, les hospices, les communes, la Légion d'honneur, la Caisse des Invalides de la marine, la Caisse de retraites pour la vieillesse, etc., qui figurent pour plus du quart dans le produit total de la conversion et qui n'ont été en réalité que des fictions, l'État se payant dans ces différents cas les soultes à lui-même.

Au lieu de faire monter le 3 0/0 ainsi qu'on l'avait espéré, la conversion, en multipliant les titres sur la place, a amené une dépréciation de cette valeur, et tandis qu'elle était alors cotée à 71.25, elle ne se soutient plus maintenant que très-difficilement au cours de 69 fr. Le 4 1/2, devenu très-rare, a vu au contraire ses cours s'élever, et le rentier, loin d'avoir trouvé dans cette opération les avantages qu'on lui avait fait espérer, ne pourrait même plus aujourd'hui suivre le conseil donné en 1863, par un orateur du Gouvernement, à ceux qui se plaignaient de la conversion, et rentrer dans le 4 1/2 à la Bourse sans subir une perte, sur la soulte payée, de 2 fr. par chaque 4 fr. 50 de rentes.

Eh bien ! n'avait-on pas contracté en 1862, à l'égard de ces rentiers, l'engagement moral de soutenir, de pousser même vigoureusement le cours du 3 0/0 ? Cet engagement, M. Fould ne l'avait-il pas reconnu, lorsque, inaugurant en matière de finances une politique de prévoyance et d'économie, il reconstituait en 1866 l'amortissement au profit des porteurs du 3 0/0 ; et venir, aujourd'hui qu'il s'agit d'un nouvel emprunt, invoquer le prétendu principe de 1862, n'est-ce pas renier ceux proclamés en 1866 par le Ministre même qui avait posé ce principe et auquel l'expérience acquise avait fait reconnaître loyalement l'erreur commise, ou plutôt l'échec subi par lui, quelques années auparavant ?

Au premier abord, la détermination du fonds dans lequel l'emprunt doit être émis peut paraître une question bien secondaire dans un moment où les plus graves questions de la politique tant extérieure qu'intérieure sont agitées ; mais ce serait un tort de croire que dans l'état actuel des choses les questions financières ne doivent pas marcher de pair avec les questions politiques et militaires.

La bonne administration des finances doit être, en effet, une des préoccupations constantes de tout État qui veut assurer sa grandeur et sa puissance. L'Angleterre, l'Amérique, la Prusse, la Hollande, la Suisse travaillent sans cesse avec une rare énergie à réduire leur dette et [à maintenir leurs finances dans une situation prospère.

Prenons donc modèle sur ces nations, et par amour d'une théorie reconnue fausse aujourd'hui, n'allons pas sans nécessité, comme les États sans ressources et sans crédit, augmenter le capital de notre dette d'une somme très-considérable ; n'allons pas surtout, en aliénant la faculté de réduire notre dette pour le misérable écart de 2 fr. 50 à 3 fr., qui sépare le prix de 4 fr. 50 de rente en 3 0/0 de celui de la même rente en 4 1/2 0/0, n'allons pas , disons-nous, faire douter l'Europe de notre propre confiance dans l'avenir et la prospérité de la France.

Plus que jamais aujourd'hui, l'influence politique d'un pays est intimement liée à sa prospérité financière. Il est bien évident, en effet, que dans ce mouvement d'agglomération, qui est un des caractères distinctifs de notre époque, les petits États sont fatalement destinés à être absorbés par leurs voisins plus puissants.

Or, le temps des annexions violentes est passé, et l'expérience a prouvé qu'un pays, une province annexée et retenue par la force, est une cause de faiblesse et non de puissance. Si, aujourd'hui, une nation veut s'agrandir réellement, ce n'est plus que sur des annexions volontaires qu'elle doit compter, et dès lors ne devient-il pas évident que tout petit pays, grand-duché de Gérolstein ou autres, sollicité par ses puissants voisins de se donner à eux, pèsera avec soin les avantages politiques et surtout pécuniaires des différents mariages de raison

qu'on lui proposera, et s'alliera définitivement à la puissance
chez laquelle il trouvera le meilleur gouvernement, les institutions les plus perfectionnées, les finances les plus prospères,
les impôts les moins lourds et qui apportera dans la commu-
nauté autre chose qu'une dette énorme et des déficits toujours
croissants.

Pourquoi donc la France se tiendrait-elle à l'écart de ce
mouvement? Pourquoi déserterait-elle cette lutte d'influence,
et alors que ses voisins s'agrandissent, accepterait-elle de dé-
choir par cela même qu'elle ne croîtrait plus ?

Nous avons été grands par la guerre, efforçons-nous aujour-
d'hui de l'être également par la paix. Ne cessons de travailler
au perfectionnement de nos institutions, au développement de
notre commerce et de notre industrie, tâchons d'être enviés
plutôt que craints, mais surtout, hâtons-nous d'introduire dans
nos finances ces principes d'ordre et de prévoyante économie
que nous avons peut-être trop négligés jusqu'à ce jour et qui
sont une des conditions essentielles de la grandeur et de la
puissance de notre pays.

Paris. — Imprimerie Paul Dupont, rue de Grenelle-Saint-Honoré (749— 2.8)